Christiane Leesker
Vanessa Jansen

Ich koche für uns!

25 Lieblingsrezepte
für meinen Hund und mich

riva

Inhalt

5 Einführung, Ja/Nein, Tipps

9 Rezepte mit Fleisch und Fisch

10 Strammer Max – Spiegelei mit Schinken
13 Rindfleischbrühe mit Beinscheibe
14 Hähnchen-Couscous-Bowl
17 Möhren-Kartoffel-Topf mit Fleischwurst
18 Spaghetti-Corbonara-Muffins
21 Falscher Hase – Hackbraten
22 Fischburger nach Seemannsart
25 Gedünsteter Lachs mit Gemüse in Sahnesauce

27 Vegetarische Rezepte

29 Kartoffelsalat mit Gemüse
30 Zucchini-Kartoffel-Pfanne
33 Spinat-Schafskäse-Frittata
34 Ofenkürbis mit Feta
36 Süßkartoffelpommes
37 Möhrensticks mit Dip

39 Kleine Snacks und Knabbereien

41 Wraps mit Forelle und Mais
42 Pikantes Käsegebäck
45 Selbst gemachtes Popcorn
46 Selbst gemachte Erdnussbutter
49 Grüner Smoothie und Smoothie-Eis

51 Desserts und süße Leckereien

53 Erdnussbutter-Bananen-Muffins
54 Quark-Haferflocken-Pancakes
55 Frischkäsewaffeln mit Apfel
56 Haferflocken-Erdnuss-Konfekt
59 Porridge mit Beeren
60 Wassermeloneneis mit Joghurt und Kiwi

Einführung

Du hast Spaß daran, für deinen Hund und dich zu kochen, deine Mahlzeiten mit deinem Liebling zu teilen und ihn zu verwöhnen? Das ist toll! Schließlich ist dein Hund dir treuer Gefährte und geliebtes Familienmitglied, er sorgt für Freude, Bewegung, Zuwendung und Beständigkeit in deinem Leben. Gründe genug also!

Du kannst auch gleich loslegen, wenn du ein paar Dinge berücksichtigst: Eine ausgewogene Ernährung ist durch Nass- oder Trockenfutter, das ganz auf den Bedarf des Hundes zugeschnitten ist, am ehesten garantiert. Sogar beim beliebten Barfen (BARF = Bones And Raw Foods) ist es nicht ganz einfach, diese Ausgewogenheit zu erreichen. Daher sollte das Kochen für euch beide eher nicht zur täglichen Routine werden. Mach es lieber zum Event, z. B. an Sonn- oder Feiertagen oder zu besonderen Anlässen.

Dein Hund verträgt generell unglaublich viele unterschiedliche Lebensmittel. Schließlich hat er sich über Jahrtausende von dem ernährt, was von den Mahlzeiten der Menschen übrig geblieben oder unter den Tisch gefallen ist. Spezielles Hundefutter gibt es im Vergleich zu dieser Zeitspanne erst seit Kurzem.

Wenn dein Schnuffi also gesund ist und keine Allergien oder Unverträglichkeiten hat, kannst du nicht so viel falsch machen.

Manche Lebensmittel können allerdings für deinen Hund unangenehm oder sogar gefährlich werden, diese solltest du unbedingt meiden. Auf der nächsten Seite findest du dazu eine Übersicht. Vorab diese Tipps:

An Kernen und Steinen im Obst kann sich dein Hund verschlucken, diese solltest du also besser immer entfernen.

Auf Zucker, Süßstoff und Gewürze solltest du für deinen Hund verzichten. Auf Kaffee, Tee und Alkohol sowieso!

Ja!	Nein!
Apfel und Birne (ohne Kerne)	Weintrauben
Banane	Rosinen
Blaubeeren	
Erdbeeren	
Wassermelone (ohne Kerne)	
Ananas	
Kirschen (ohne Stein)	
Kiwi	
Nektarine (ohne Stein)	
Zwetschge (ohne Stein)	
Cashewkerne (wenig)	Macadamianüsse (giftig!)
Erdnüsse (außer bei Allergie)	Eicheln
Haselnüsse	Kastanien
Kokosnuss	
Maronen	
Mandeln (wenig)	
Walnüsse, Paranüsse (wenig)	
Brokkoli (gekocht, kleine Mengen)	Avocado
Erbsen (gekocht, kleine Mengen)	Auberginen
Gurke	Bärlauch, Schnittlauch
Kartoffeln (gekocht)	grüne Bohnen (roh giftig)
Kürbis (gekocht)	Kartoffeln (roh giftig)
Möhren	Knoblauch
Petersilie	Lauch
Sellerie (gekocht)	Paprika
Spinat (gekocht)	Pilze
Süßkartoffeln (gekocht)	Tomaten (roh giftig)
Zucchini (gekocht)	Zwiebeln (roh giftig)
Reis, Nudeln (gekocht)	Schokolade (giftig!)
Haferflocken (gekocht)	Kakao (giftig!)
Ei	Hülsenfrüchte (roh giftig)
Brot (außer bei Getreideunverträglichkeit)	
Milchprodukte: Joghurt, Quark, Käse (außer bei Laktoseintoleranz)	
	rohes Schweinefleisch
gegartes Fleisch	rohes Geflügel, Geflügelknochen

Tipps

Für die Rezepte in diesem Buch werden natürlich nur Lebensmittel verwendet, die ein gesunder Hund verträgt und mag. Sollte eine Zutat nicht in der Liste aufgeführt sein, schau einfach im Internet nach. Es gibt viele Webseiten, die sich mit dem Thema beschäftigen. Aber Vorsicht, manche sind nicht seriös und machen dir unnötig Angst. Am verlässlichsten sind wohl die Internetpräsenzen von Tierkliniken und Heimtierverbänden.

Die meisten der folgenden Rezepte werden an einem bestimmten Punkt der **Zubereitung** geteilt – ein Teil für dich, der andere für den Hund. In den **Zutatenlisten** für den Menschen werden z. B. Zucker, Gewürze und Salz aufgeführt, die dein Hund nicht im Übermaß verzehren sollte.

Eine Angabe, in welchem Verhältnis die **Portionen** aufgeteilt werden sollen, haben wir absichtlich weggelassen. Denn das hängt ganz von deinem Appetit und vor allem von der Größe deines Hundes ab. Für einen Irischen Wolfshund wäre die Hälfte einer Portion nur ein Snack für zwischendurch, für einen Chihuahua würde schon ein Viertel der Menge mehr als eine komplette Tagesration darstellen.

Daher sind alle **Mengenangaben** auch nur als Richtwerte zu verstehen, die du nach Belieben variieren kannst. Entscheide einfach nach Gutdünken. Viele der Rezepte, die du unter Snacks und süße Leckereien findest, kannst du über einen längeren Zeitraum aufheben oder einfrieren und bei Bedarf selbst genießen und als Leckerli füttern.

Auf den **Fotos** sind manchmal Zutaten zu sehen, die dein Hund nicht verträgt, etwa Schokolade. Das liegt daran, dass wir nicht immer beide Versionen fotografiert haben. Und weil die Gerichte für den Menschen meist etwas hübscher anzusehen waren als die für den Hund, stehen sie auf den Bildern häufig im Vordergrund.

Genug der Information: Jetzt heißt es endlich Ärmel hochkrempeln, Schürze umbinden und ran an den Herd!

Rezepte mit Fleisch und Fisch

Strammer Max – Spiegelei mit Schinken

Für 2 Brote

Für beide:
2 Scheiben Landbrot
Butter zum Bestreichen
2 Scheiben Schinken
2–4 Scheiben Käse
Butter oder Margarine zum Braten
2 Eier

Für den Menschen zusätzlich:
Salz, Pfeffer

Die Brotscheiben mit Butter bestreichen, auf Teller geben und mit Schinken und Käse belegen.

Butter oder Margarine in einer beschichteten Pfanne erhitzen. Die Eier hineinschlagen und bei mittlerer Temperatur 2 Spiegeleier braten.

Die Spiegeleier auf die belegten Brotscheiben gleiten lassen. Die Menschenportion salzen und pfeffern, die Hundeportion klein schneiden. Sofort genießen.

Hunde mögen – in der Regel – Eier in jeder Form. Du kannst für den Hund das Spiegelei auch ganz ohne Beiwerk anrichten.

Rindfleischbrühe mit Beinscheibe

Für beide:

1 Zwiebel
1 Bund Suppengemüse
Rapsöl zum Braten
1 Rinderbeinscheibe (ca. 500 g)
4 Lorbeerblätter
4 Pimentkörner

Für den Menschen zusätzlich:

Salz, Pfeffer
150 g Blumenkohlröschen, gewaschen
100 g Markklößchen (Fertigprodukt)
50 g Grießklößchen (Fertigprodukt)
100 g Eierstich (Fertigprodukt)
1/2 Bund Petersilie

Die Zwiebel und das Suppengemüse putzen, grob klein schneiden und in einem Topf mit Rapsöl anbraten. Mit 1,5 l Wasser ablöschen und die Beinscheibe, Lorbeerblätter und Pimentkörner zugeben. Das Ganze zugedeckt 1,5–2 Stunden köcheln lassen.

Die Beinscheibe herausnehmen und klein schneiden. Einen Teil davon und den Markknochen für den Hund beiseitestellen.

Die Rinderbrühe durch ein Sieb passieren, wieder in den Topf geben, salzen, pfeffern und erneut erhitzen. Blumenkohlröschen, Mark- und Grießklößchen, Eierstich und das klein geschnittene Fleisch in die Suppe geben.

Das Ganze ca. 10 Minuten leicht köcheln lassen. Inzwischen die Petersilie waschen, trocken schütteln, von groben Stielen befreien und hacken. Die Brühe damit garnieren und heiß genießen.

Hähnchen-Couscous-Bowl

Für beide:
400g Möhren
300g Hähnchenbrustfilet
3EL Öl
400ml Hühnerbrühe
100g TK-Erbsen
120g Instant-Couscous
3 Stängel glatte Petersilie
150g Sahnejoghurt

Für den Menschen zusätzlich:
Salz
1–2TL Currypulver

Die Möhren schälen, putzen und in Scheiben schneiden. Das Hähnchenbrustfilet waschen und würfeln. 2EL Öl in einer Pfanne erhitzen. Die Hähnchenwürfel darin rundherum hellbraun anbraten. Herausnehmen und beiseitestellen.

Das restliche Öl erhitzen. Die Möhren darin andünsten. Hühnerbrühe zugießen, aufkochen lassen und die Möhren zugedeckt ca. 7 Minuten garen. Das Fleisch zugeben und im Sud erhitzen. Die Erbsen und das Instant-Couscous einrühren. Topf vom Herd nehmen und Couscous zugedeckt 5 Minuten quellen lassen.

Den Teil für den Hund aus der Pfanne nehmen und zum Abkühlen beiseitestellen. Den Pfanneninhalt mit Salz und Currypulver kräftig würzen. Die Petersilie waschen, trocken schütteln, die Blättchen abzupfen und hacken. Beide Portionen mit einem Kochlöffel auflockern und anteilig Joghurt dazugeben. Mit Petersilie bestreut genießen.

Möhren-Kartoffel-Topf mit Fleischwurst

Für beide:

500g mehligkochende Kartoffeln
500g Möhren
250ml Rinderbrühe
200g Fleischwurst
4 Stängel Petersilie

Für den Menschen zusätzlich:

Salz
Pfeffer
1–2TL mittelscharfer Senf

Die Kartoffeln schälen, waschen und in Würfel schneiden. Die Möhren putzen, schälen und in Scheiben schneiden. Beides mit der Rinderbrühe in einen Topf geben und zum Kochen bringen. Den Deckel auflegen und das Gemüse 15–20Minuten garen.

Den Teil für den Hund herausnehmen, beiseitestellen und abkühlen lassen. Den restlichen Eintopf mit Salz, Pfeffer und Senf würzen. Die Fleischwurst würfeln. Einen Teil abzweigen und mit der Portion für den Hund mischen. Die übrige Wurst unter den gewürzten Eintopf mischen und darin erhitzen.

Die Petersilie waschen, trocken schütteln, die Blättchen abzupfen und hacken. Beide Portionen mit Petersilie bestreuen und genießen.

Der Eintopf hält sich im Kühlschrank mehrere Tage und schmeckt aufgewärmt noch mal so lecker.

Spaghetti-Carbonara-Muffins

Für 12 Muffins

Für beide:
200 g Spaghetti
2 Eier
100 g Sahne
100 g Parmesan
1 EL Öl zum Braten
75 g Schinkenwürfel
Öl für das Muffinblech

Die Spaghetti nach Packungsanweisung in einem Topf mit kochendem Wasser bissfest garen. Eier und Sahne in einer Schüssel kräftig mit dem Schneebesen verquirlen. Den Parmesan reiben. Öl in einer kleinen Pfanne erhitzen. Die Schinkenwürfel darin knusprig braten und vom Herd nehmen.

Die Spaghetti durch ein Sieb abgießen und sofort mit der Eiersahne vermengen. Den Parmesan (bis auf eine kleine Menge zum Garnieren) und die Schinkenwürfel untermischen.

Den Backofen auf 200 °C Ober-/Unterhitze (Umluft 180 °C) vorheizen. Das Muffinblech einölen. Spaghetti portionsweise auf eine Gabel drehen und in die Mulden verteilen. Im Ofen auf mittlerer Schiene 15–20 Minuten backen. Dann herausnehmen und die Muffins aus den Mulden lösen. Den Anteil für den Hund zum Abkühlen beiseitestellen. Die restlichen Spaghetti-Muffins mit dem verbliebenen Parmesan bestreuen und genießen.

Die Spaghetti-Muffins schmecken auch kalt und machen sich toll auf einem Party-Buffet!

Falscher Hase – Hackbraten

Für 2 Mini-Hackbraten

Für beide:
3 Eier
300 g Rinderhackfleisch
1 trockenes Brötchen oder 2 Zwiebäcke
Öl zum Braten

Für den Menschen zusätzlich:
1 kleine Zwiebel
2 EL gehackte Petersilie
Salz, Pfeffer

1 Ei beiseitelegen. 2 Eier in einem Topf mit Wasser in 4–5 Minuten wachsweich kochen, abschrecken und pellen.

Das Hackfleisch in einer Schüssel mit dem restlichen Ei vermischen. Brötchen oder Zwiebäcke in einer Schüssel mit warmem Wasser einweichen, gut ausdrücken und zur Fleischmasse geben. Alles gut mischen und die Menge halbieren.

Den Teil für den Menschen mit der geschälten, gehackten Zwiebel und 1 EL Petersilie mischen und kräftig salzen und pfeffern. Beide Hackfleischmassen vorsichtig um je 1 Ei herum zu einem kleinen Laib formen.

Den Backofen auf 180 °C Ober-/Unterhitze (Umluft 160 °C) vorheizen. Öl in einer Pfanne erhitzen, die Hackbraten darin rundum braun anbraten. Dann in eine Auflaufform setzen und im vorgeheizten Ofen 30–40 Minuten garen. Herausnehmen, die Portion für den Hund abkühlen lassen und klein schneiden. Die Portion für den Menschen mit der restlichen Petersilie bestreuen. Dazu passt die Zucchini-Kartoffel-Pfanne (siehe S. 30).

Fischburger nach Seemannsart

Für 4 Burger

Für beide:
300g TK-Fischfilet (z. B. Seelachs)
1 altbackenes Brötchen plus Semmelbrösel nach Bedarf
4 EL gehackte Petersilie
1 Ei
2 EL Butterschmalz zum Braten

Für den Menschen zusätzlich:
Salz, Pfeffer
4 Burgerbrötchen
4 EL Remoulade
4 Salatblätter, gewaschen
8 Tomaten- und 12 Gurkenscheiben, gewaschen

Das Fischfilet antauen lassen und in der Küchenmaschine pürieren. Das Brötchen in Scheiben schneiden und in einer Schüssel mit warmem Wasser einweichen. Dann ausdrücken und mit Fischpüree, Petersilie und Ei verrühren. Sollte die Masse zu weich zum Formen sein, Semmelbrösel zufügen. Ein Drittel der Masse zu kleinen Buletten formen. Die verbliebene Menge salzen, pfeffern und zu 4 Frikadellen formen.

Butterschmalz in einer Pfanne erhitzen. Alle Fischfrikadellen darin von beiden Seiten goldbraun braten. Die Burgerbrötchen aufschneiden und mit Remoulade bestreichen. Je 1 Salatblatt auf die unteren Hälften legen.

Die Buletten für den Hund aus der Pfanne nehmen und zum Abkühlen beiseitestellen. Die Frikadellen für den Menschen auf die Salatblätter setzen, mit je 2 Tomaten- und 3 Gurkenscheiben belegen, dann mit der oberen Brötchenhälfte abdecken und genießen.

Gedünsteter Lachs mit Gemüse in Sahnesauce

Für beide:
2 TK-Lachsfilets (250 g)
1/2 Fenchelknolle, 1/2 gelbe Paprikaschote, 1 kleine Zucchini
2 EL Sonnenblumenöl zum Braten
200 g Sahne
1/2 Gemüsebrühwürfel
1/2 Tasse Basmatireis
etwas Salz

Für den Menschen zusätzlich:
1 Schuss Weißwein
4 Kirschtomaten, gewaschen
Salz, Pfeffer

Die Lachsfilets auftauen lassen, waschen und trocken tupfen. Fenchel, Paprika und Zucchini putzen und waschen. Fenchel und Paprika in Streifen schneiden. Zucchini längs vierteln und in Scheiben schneiden. Das Öl in einer Deckelpfanne erhitzen und das Gemüse darin 5 Minuten andünsten. Die Sahne angießen und den Brühwürfel unterrühren, bis er sich aufgelöst hat. Gemüse zugedeckt bei geringer Hitze 10 Minuten garen.

Inzwischen den Reis mit 1 Tasse Wasser und wenig Salz im geschlossenen Topf 10 Minuten köcheln lassen. Dann vom Herd nehmen und 5 Minuten quellen lassen, ohne umzurühren.

Das Lachsfilet in den Sahne-Gemüse-Sud legen. Zugedeckt in 8 Minuten gar ziehen lassen, dabei einmal wenden. Die Menge für den Hund zusammen mit etwas Gemüsesud abnehmen und beiseitestellen. Dann den Weißwein angießen. Die Tomaten halbieren und zugeben, salzen und pfeffern. Beide Portionen mit Reis genießen.

Vegetarische Rezepte

Kartoffelsalat mit Gemüse

Für beide:
500 g gekochte Kartoffeln
1 Apfel
150 g gekochte Möhren
150 g gekochte Brokkoli- oder Blumenkohlröschen
100 g gekochte Erbsen
200 g Joghurt

Für den Menschen zusätzlich:
2 Gewürzgurken
1 EL Mayonnaise
2 EL Gurken-Einlegeflüssigkeit
Salz, Pfeffer

Die abgekühlten, geschälten Kartoffeln in Scheiben schneiden. Den Apfel schälen, vierteln, vom Kerngehäuse befreien und würfeln. Möhren und evtl. Brokkoli- oder Blumenkohlröschen klein schneiden. Das Gemüse in einer Schüssel mit dem Apfel mischen. Den Joghurt glatt rühren und unterheben. Die Portion für den Hund abnehmen und beiseitestellen.

Für den Menschen die Gewürzgurken klein würfeln und zum Salat geben. Mayonnaise mit Einlegeflüssigkeit verrühren, salzen, pfeffern und unterheben. Den Salat 30 Minuten abgedeckt im Kühlschrank durchziehen lassen, dann abschmecken und genießen.

Dazu schmecken Mensch und Hund Brühwürstchen oder Frikadellen!

Zucchini-Kartoffel-Pfanne

Für beide:

1–2 Zucchini (je nach Größe)
4–5 gekochte Kartoffeln
Olivenöl zum Braten
125 ml Gemüsebrühe (instant)

Für den Menschen zusätzlich:

1 Knoblauchzehe
Salz, Pfeffer

Die Zucchini waschen, putzen, längs vierteln und in Scheiben schneiden. Die abgekühlten, geschälten Kartoffeln ebenfalls in Scheiben schneiden.

Olivenöl in einer Pfanne erhitzen, Kartoffel- und Zucchinistücke darin goldbraun braten. Die Pfanne gelegentlich rütteln. Die Portion für den Hund herausnehmen, beiseitestellen und abkühlen lassen.

Die Knoblauchzehe schälen und in die Pfanne pressen. Unter Rühren kurz mitbraten. Das Gemüse mit Salz und Pfeffer würzen und genießen.

Die Zucchini-Kartoffel-Pfanne passt auch gut als Beilage zum Hackbraten (siehe S. 21). Du kannst sie mit Zutaten wie Paprikastreifen, Fetawürfeln und Kräutern wie Rosmarin und/oder Thymian nach Belieben variieren.

Spinat-Schafskäse-Frittata

Für beide:
100 g frischer Babyspinat
2–3 EL Olivenöl
4 Eier
1 TL Butter
100 g Schafskäse, in Würfel geschnitten

Für den Menschen zusätzlich:
Basilikumblättchen
1 Prise Salz
frisch gemahlener Pfeffer

Den Babyspinat waschen und trocken schütteln. Olivenöl in einer beschichteten Pfanne erhitzen. Den Spinat darin andünsten, bis er zusammenfällt, dann herausnehmen und beiseitestellen.

Die Eier in einer Schüssel mit dem Schneebesen verquirlen. Butter in der Pfanne erhitzen, Eier zugießen und Schafskäsewürfel und Spinat gleichmäßig darauf verteilen. Die Portion für den Menschen mit Basilikumblättchen garnieren, salzen und pfeffern.

Die Frittata zugedeckt bei geringer Hitze backen, bis die gewünschte Konsistenz erreicht ist. Dann herausnehmen und auf einen Teller gleiten lassen. Die Portion für den Hund klein schneiden und abkühlen lassen. Die Portion für den Menschen in Tortenstücke teilen und genießen.

Wer möchte, kann, wie wir es hier getan haben, die Portionen schon vor dem Garen teilen und in zwei Pfannen zubereiten.

Ofenkürbis mit Feta

Für beide:
1 Hokkaidokürbis (ca. 1 kg)
2 EL Olivenöl
150 g Feta
1 Handvoll Walnusskerne

Für den Menschen zusätzlich:
2 TL Thymianblättchen
1 EL flüssiger Honig
grobes Meersalz

Den Backofen auf 190 °C Ober-/Unterhitze (Umluft 170 °C) vorheizen. Den Kürbis waschen, von Stiel- und Blütenansatz befreien und halbieren. Mit einem Löffel die Kerne und Fasern herausschaben. Den Kürbis würfeln und in einer Schüssel mit Olivenöl vermischen, bis die Stücke gut damit überzogen sind.

Ein Backblech mit Backpapier auslegen. Die Kürbiswürfel darauf verteilen und 15 Minuten im Ofen backen.

Inzwischen den Feta zerbröseln und die Walnusskerne grob hacken. Nach 15 Minuten Garzeit Feta und Walnusskerne über den Kürbis streuen und Kürbis weitere 15 Minuten im Ofen garen.

Danach aus dem Ofen nehmen, einen Teil für den Hund abnehmen und abkühlen lassen. Den Rest mit Thymianblättchen bestreuen, mit Honig beträufeln, salzen und weitere 5 Minuten im Ofen backen. Herausnehmen und genießen.

Süßkartoffelpommes

Für beide:
600 g Süßkartoffeln
3 EL Olivenöl
1 EL Speisestärke

Für den Menschen zusätzlich:
1 TL Salz
Gewürze nach Belieben (z. B. Grillgewürz, Curry-, Paprikapulver, Cayennepfeffer oder Kurkuma)
Dips nach Belieben

Die Süßkartoffeln schälen und in 1 cm dicke Stifte schneiden. Die Pommes in einer Schüssel mit Olivenöl und Speisestärke vermischen, bis sie ganz damit überzogen sind. Den Backofen auf 200 °C Ober-/Unterhitze (Umluft 180 °C) vorheizen.

Ein Backblech mit Backpapier auslegen, die Pommes darauf verteilen – die für den Hund separat legen. Die Kartoffelstifte 30 Minuten im Ofen backen. Nach der Hälfte der Zeit einmal wenden. Die Portion für den Menschen jetzt salzen und würzen.

Pommes aus dem Ofen nehmen, die Portion für den Hund klein schneiden und abkühlen lassen. Den Rest mit Dips nach Belieben oder als Beilage genießen.

Als Dip eignen sich Kräuterquark wie für die Möhrensticks (siehe S. 37), Joghurt, Ketchup, Mayonnaise, Crème fraîche ...

Möhrensticks mit Dip

Für beide:
600g Möhren
125g Sahnequark
2EL Milch
frische Kräuter nach Belieben (z. B. Schnittlauch, Petersilie, Basilikum, Oregano, Dill, Zitronenmelisse, Estragon)

Für den Menschen zusätzlich:
Salz, Pfeffer

Die Möhren putzen, schälen und längs in Stifte schneiden. Den Quark in einer Schüssel mit der Milch verrühren.

Die Kräuter waschen, trocken schütteln, von groben Stielen befreien und hacken. Dann mit dem Quark vermischen.

Die Möhrenstifte und den Kräuterquark in 2 Portionen teilen und servieren. Für den Mensch noch mit Salz und Pfeffer würzen.

Viele Hunde mögen es, rohe Möhrchen zu knabbern. Das beschäftigt die Kaumuskeln und ist gut für die Zähne.

Dem Menschen steht es frei, noch andere Gemüsesorten mit dem Dip zu genießen, z. B. Paprikastreifen, Staudensellerie oder blanchierten grünen Spargel.

Kleine Snacks und Knabbereien

Wraps mit Forelle und Mais

Für ca. 8 Röllchen

Für beide:
125 g Räucherforellenfilet
100 g Sahnefrischkäse
Saft von 1/2 Zitrone
3–4 Stängel Dill
100 g Mais aus der Dose
2 Weizentortillas

Für den Menschen zusätzlich:
Zahnstocher

Die Forellenfilets mit dem Frischkäse und dem Zitronensaft im Mixer pürieren. Den Dill waschen, trocken schütteln, von groben Stielen befreien und hacken. Den Mais abtropfen lassen.

Die Forellencreme mit Dill und Mais mischen, auf die Tortillas streichen und diese aufrollen. Die Rollen in Frischhaltefolie gewickelt für 1 Stunde kalt stellen.

Die Tortillarollen dann in 2 cm breite Scheiben schneiden. Die Röllchen für den Menschen auf Zahnstocher stecken. Für den Hund klein schneiden und servieren.

Pikantes Käsegebäck

Für 1 Blech

Für beide:

200g Mehl
+ etwas Mehl für die Arbeitsfläche
2 Eier
80g Butter
1 Prise Salz
200g geriebener Käse
(z. B. Edamer, Emmentaler, Gouda)
Ausstechförmchen in beliebiger Form

Mehl, Eier und die in Stücke geschnittene Butter in einer Schüssel mit dem Handrührgerät verrühren. Salz und Käse unterkneten. Den Teig zur Kugel formen und in Folie gewickelt 30 Minuten kalt stellen.

Den Backofen auf 180 °C Ober-/Unterhitze (Umluft 160 °C) vorheizen. Ein Backblech mit Backpapier auslegen.

Den Teig auf bemehlter Arbeitsfläche ca. 3 mm dick ausrollen. Kekse in beliebiger Form ausstechen oder mit einem Teigrad kurze Streifen ausrädeln. Kekse oder Streifen auf das Blech legen und im vorgeheizten Ofen in 10–12 Minuten goldbraun backen. Herausnehmen, abkühlen lassen und in einer Blechdose aufbewahren.

Eine beliebte Leckerei, denn viele Hunde sind Käse-Fans! Den Menschen schmeckt das Gebäck als Knabberei zu Wein oder Bier ebenso gut. Die Größe der Kekse für den Hund sollte sich an seiner Größe orientieren.

Selbst gemachtes Popcorn

Für beide:
50 g rohe Puffmaiskörner (Bio)
3 EL Sonnenblumenöl

Für den Menschen zusätzlich:
Puderzucker
oder Salz

Für den Hund zusätzlich:
etwas Leberwurst

Den Puffmais in einen ausreichend großen Topf geben (er vervielfacht sein Volumen) und auf den Herd stellen. Das Öl zugeben, den Deckel auflegen und erhitzen.

Sobald die ersten Maiskörner aufploppen, die Hitze reduzieren. Den Deckel nicht hochheben! Wenn die Ploppgeräusche aufhören, ist das Popcorn fertig.

Die Portion für den Hund abnehmen und das restliche Popcorn nach Belieben mit Puderzucker süßen oder salzen. Die Portion für den Hund in etwas erwärmter Leberwurst schwenken. Ein super Leckerbissen!

Das Popcorn kann – für Mensch und Hund – auch in etwas warmer, selbst gemachter Erdnussbutter (siehe S. 46) geschwenkt werden. So macht man es in den USA.

Selbst gemachte Erdnussbutter

Für 2 Gläser

Für beide:
400g geröstete ungesalzene Erdnüsse

Für den Menschen zusätzlich:
1 EL Ahornsirup oder Honig
1 EL Kokosöl
1/4 TL Meersalz
1 Msp. Chilipulver, Zimt
oder Vanilleextrakt nach Belieben

Die Erdnüsse im Standmixer oder in der Küchenmaschine ca. 6 Minuten zerkleinern. Dabei jeweils nach 1 Minute ausschalten und die Masse von den Seitenwänden nach unten schaben. Zum Schluss sollte eine glatte Creme entstanden sein. Die Hälfte der Creme in eines der Gläser füllen.

Für den Menschen in die andere Hälfte Ahornsirup oder Honig geben und noch einmal mixen. Nicht verzagen, falls die Masse sich trennt. Jetzt Kokosöl, Salz und nach Belieben Chili, Zimt oder Vanille zufügen, noch einmal kurz mixen, dann in das zweite Glas abfüllen. Die Gläser kennzeichnen und im Kühlschrank aufbewahren.

Erdnussbutter schmeckt dem Menschen gut auf Brot und eignet sich außerdem zum Verfeinern vieler herzhafter und süßer Rezepte. Dafür am besten die ungesüßte Variante verwenden, falls die Fellnase auch etwas abbekommen soll.

Grüner Smoothie und Smoothie-Eis

Für beide:
60g Spinat
300ml Mandeldrink
4 reife Bananen

Den Spinat waschen und trocken schütteln. Mit dem Mandeldrink im Mixer pürieren. Bananen schälen, in Stücke brechen, zugeben und mixen. 100–150ml Wasser zugießen, bis die gewünschte Konsistenz erreicht ist. Die Menge aufteilen.

Die Portion für den Hund in Eiswürfelbehälter füllen und einfrieren, um der Fellnase mit 1 oder 2 Smoothie-Eiswürfeln bei heißem Wetter eine Freude zu machen.

Smoothie für den Menschen in ein Glas füllen und trinken.

Desserts und süße Leckereien

Erdnussbutter-Bananen-Muffins

Für 12 Stück

Für beide:
2 reife Bananen
150g selbst gemachte Erdnussbutter (siehe S. 46)
2 Eier
100g Sonnenblumenöl
300g Mehl
1 TL Backpulver
1 Prise Salz
1 Mini-Muffinblech mit 12 Mulden

Für den Menschen zusätzlich:
50g Zucker
50g Schokoladenraspel

Die Bananen schälen und in einer Schüssel mit einer Gabel zu Brei zerdrücken. Mit Erdnussbutter, Eiern und Öl gründlich mit dem Handrührgerät verquirlen. In einer zweiten Schüssel Mehl, Backpulver und Salz mischen. Beide Mischungen kurz miteinander verrühren und halbieren. Einer Hälfte Zucker und Schokoladenraspel zufügen.

Den Backofen auf 180 °C Ober-/Unterhitze (Umluft 160 °C) vorheizen. Papier-Muffinförmchen in die Mulden des Muffinblechs setzen. 6 Mulden mit dem einen, den Rest mit dem anderen Teig füllen. Die Muffins im Ofen in 20–25 Minuten goldbraun backen. Herausnehmen und abkühlen lassen.

Durch die Schokoraspel lassen sich die beiden Sorten gut unterscheiden. Die Muffins getrennt voneinander in Blechdosen aufbewahren. Sie halten sich ca. 1 Woche.

Quark-Haferflocken-Pancakes

Für ca. 10 Pancakes

Für beide:
200–300 ml Milch
100 g blütenzarte Haferflocken
1 Prise Salz
50 g Mehl
1/2 TL Backpulver
2 Eier
100 g Sahnequark
Sonnenblumenöl zum Backen

Für den Menschen zusätzlich:
Ahornsirup zum Süßen
evtl. Blaubeeren zum Bestreuen

200 ml Milch in einem Topf zum Kochen bringen. Haferflocken und Salz unterrühren, Topf vom Herd nehmen und Masse zugedeckt quellen lassen.

Inzwischen Mehl und Backpulver mischen. Eier und Quark in einer Schüssel mit dem Handrührgerät verquirlen. Mehlmischung und Haferbrei unterrühren. Der Teig soll zähflüssig sein. Ist er zu fest, noch etwas Milch zugeben.

Öl in einer beschichteten Pfanne erhitzen. Mit einem Esslöffel kleine Portionen Teig hineinsetzen und bei mittlerer Hitze von beiden Seiten goldbraun backen. Die fertigen Pancakes herausnehmen und warm stellen. So weiter verfahren, bis der Teig aufgebraucht ist.

Die Pancakes für den Hund vor dem Verzehr lauwarm abkühlen lassen, die für den Menschen mit reichlich Ahornsirup begießen und nach Belieben mit Blaubeeren bestreuen.

Frischkäsewaffeln mit Apfel

Für ca. 4 Waffeln

Für beide:
60 g Frischkäse
100 ml Milch
2 Eier
100 g Mehl
1 TL Backpulver
1 kleiner Apfel
Sonnenblumenöl für das Waffeleisen

Für den Menschen zusätzlich:
1 EL Zucker
1 Prise Zimt
Puderzucker zum Bestäuben

Den Frischkäse mit Milch und Eiern in eine Schüssel geben und mit dem Handrührgerät gründlich verrühren. Mehl und Backpulver mischen und unter den Teig rühren.

Den Apfel schälen, vierteln, vom Kerngehäuse befreien und sehr fein würfeln. Die Apfelstückchen zum Teig geben.

Das Waffeleisen vorheizen und einölen. Zuerst 2 Waffeln für den Hund backen. Dafür eine kleine Kelle Waffelteig einfüllen, das Eisen schließen und die Waffel goldbraun backen. Herausnehmen, abkühlen lassen und in Herzchen teilen. Vorgang wiederholen.

Dann Zucker und Zimt in den restlichen Teig rühren und daraus 2 weitere Waffeln backen und mit Puderzucker bestäubt genießen.

Haferflocken-Erdnuss-Konfekt

Für 1 Blech

Für beide:
80 g Butter
100 g kernige Haferflocken
150 g gesalzene Erdnüsse
50 g Mehl

Für den Menschen zusätzlich:
1 Ei
40 g brauner Zucker, 1/2 TL Vanillezucker
50 g dunkle Kuvertüre

Für den Hund zusätzlich:
1/2 reife Banane
1 Ei

Die Butter in einer Pfanne erhitzen. Die Haferflocken einrühren und kurz anrösten. In eine Schüssel geben und abkühlen lassen. Erdnüsse und Mehl unterrühren. Die Masse halbieren. Den Backofen auf 200 °C Ober-/Unterhitze (Umluft 180 °C) vorheizen.

Für den Menschen Ei, Zucker und Vanillezucker in einer Schüssel mit dem Handrührgerät schaumig schlagen. Die Hälfte der Haferflocken-Erdnuss-Masse unterrühren. Für den Hund die halbe Banane schälen, mit einer Gabel zerdrücken und mit dem Ei unter die restliche Masse mischen.

Ein Backblech mit Backpapier auslegen. Walnussgroße Häufchen der beiden Teige auf das Blech setzen und im Ofen 10–12 Minuten backen. Herausnehmen und abkühlen lassen. Für den Menschen Kuvertüre nach Packungsanweisung schmelzen. Das Konfekt zur Hälfte damit bestreichen.

HEMA

Porridge mit Beeren

Für beide:
125g blütenzarte Haferflocken
750ml Wasser oder Milch
1 Prise Salz
1 Handvoll gemischte Beeren (z. B. Blaubeeren, Erdbeeren)

Für den Menschen zusätzlich:
Ahornsirup nach Geschmack
weitere Beeren nach Belieben (z. B. Himbeeren, Johannisbeeren)
1 EL gehackte Walnusskerne

Die Haferflocken mit Wasser oder Milch und Salz in einem kleinen Topf zum Kochen bringen. Den Deckel auflegen und die Flocken bei geringer Hitze quellen lassen, bis die Flüssigkeit ganz aufgenommen ist. Das dauert ca. 20 Minuten.

Die Beeren waschen und trocken tupfen. Erdbeeren entstielen und klein schneiden.

Etwa 1/2 Tasse Porridge für den Hund abnehmen und abkühlen lassen. Mit 1 EL Beeren mischen und im Napf servieren.

Das Porridge für den Menschen nach Geschmack mit Ahornsirup süßen, mit weiteren Beeren und gehackten Walnüssen bestreuen und genießen.

Wassermeloneneis mit Joghurt und Kiwi

Für beide:
ca. 800 g reife Wassermelone
150 g Naturjoghurt
2 reife Kiwis

Für den Menschen zusätzlich:
4 Eis-am-Stiel-Formen
4 Eisstiele
1 EL Honig

Für den Hund zusätzlich:
4 leere Fruchtzwerge-Becher
4 Kausticks (oder Eisstiele)

Wassermelone von Schale und Kernen befreien. Das Fruchtfleisch würfeln und im Mixer pürieren. Alle Eisformen zu zwei Dritteln mit Wassermelonenpüree füllen. Eisstiele bzw. Kausticks in die Förmchen stecken und diese für 1 Stunde ins Gefrierfach stellen.

Die Hälfte des Joghurts mit Honig süßen. Nach 1 Stunde den gesüßten Joghurt auf die Eis-am-Stiel-Formen und den ungesüßten Joghurt auf die Fruchtzwerge-Becher verteilen. Noch mal 30 Minuten ins Gefrierfach stellen.

Die Kiwis schälen, würfeln und pürieren. Die Förmchen wieder aus dem Eisfach nehmen und jeweils bis zum Rand mit Kiwipüree auffüllen. Dann weitere 5 Stunden im Gefrierfach komplett durchfrieren lassen.

An heißen Tagen mit dem Hund ein erfrischendes Eis genießen!

ELITE DIVISION

Dank

Wir möchten uns sehr herzlich bei den Frauchen und Hunden bedanken, die sich freundlicherweise als Fotomodelle zur Verfügung gestellt haben:

bei Odin und Canelo, den beiden wohlerzogenen Pudelherren;

Simone und dem wuscheligen Balou für frühlingshafte Bilder zwischen Osterglocken;

Ulla und der sanften Fluse für Fotos im Garten, bei denen Fluse sehr vornehm von der Gabel fraß;

Nicole und Ixi für das Rindfleischsuppenrezept und dem fluffigen Hugo fürs Posieren dazu;

Gina, dem niedlichen Jack-Russell-Mädel, fürs Posieren mit Leckerli;

Andrea und der süßen Mathilde fürs sommerliche Eisschlecken;

unserer frechen Norfolk-Terrier-Dame Peppa fürs sehnsüchtige Anhimmeln von Käsegebäck und Muffins.

Ohne euch wäre dieses Buch nur halb so schön!

Bibliografische Information der Deutschen Nationalbibliothek
Die Deutsche Nationalbibliothek verzeichnet diese Publikation in der Deutschen Nationalbibliografie.
Detaillierte bibliografische Daten sind im Internet über http://d-nb.de abrufbar.

Für Fragen und Anregungen
info@rivaverlag.de

Wichtiger Hinweis
Dieses Buch ist für Lernzwecke gedacht. Es stellt keinen Ersatz für eine individuelle medizinische Beratung dar und sollte auch nicht als solcher benutzt werden. Wenn Sie medizinischen Rat einholen wollen, konsultieren Sie bitte einen qualifizierten Arzt/Tierarzt. Der Verlag und die Autorinnen haften für keine nachteiligen Auswirkungen, die in einem direkten oder indirekten Zusammenhang mit den Informationen stehen, die in diesem Buch enthalten sind.

Originalausgabe
1. Auflage 2020
© 2020 by riva Verlag, ein Imprint der Münchner Verlagsgruppe GmbH
Nymphenburger Straße 86
D-80636 München
Tel.: 089 651285-0
Fax: 089 652096

Alle Rechte, insbesondere das Recht der Vervielfältigung und Verbreitung sowie der Übersetzung, vorbehalten. Kein Teil des Werkes darf in irgendeiner Form (durch Fotokopie, Mikrofilm oder ein anderes Verfahren) ohne schriftliche Genehmigung des Verlages reproduziert oder unter Verwendung elektronischer Systeme gespeichert, verarbeitet, vervielfältigt oder verbreitet werden.

Redaktion: Caroline Kazianka, Viktoria Celik
Umschlaggestaltung: Sonja Vallant
Vorderseite oben: shutterstock/Lopolo, unten: Vanessa Jansen
Rückseite: Vanessa Jansen
Abbildungen im Innenteil: Vanessa Jansen
Layout und Satz: Christiane Leesker
Druck: Florjancic Tisk d.o.o., Slowenien
Printed in the EU

ISBN Print 978-3-7423-1481-9
ISBN E-Book (PDF) 978-3-7453-1155-6
ISBN E-Book (EPUB, Mobi) 978-3-7453-1156-3

Weitere Informationen zum Verlag finden Sie unter
www.rivaverlag.de
Beachten Sie auch unsere weiteren Verlage unter www.m-vg.de

AF641008